People
Skills
for Life

他人とうまくやっていく

対人関係28のルール

アラン＆バーバラ・ピーズ［著］ 藤田美菜子［訳］

サンマーク出版

プロローグ

――コミュニケーション能力は後天的な才能

顔見知りが一人もいない状況でも、他人と打ち解ける能力を持っている人がいます。

私たちは憧れを込めて、そんな人には「カリスマ性がある」と言います。

ほとんどの人が、カリスマは「天性の才能」だと思い込んでいますが、実際のところ、カリスマとは「後天的な才能」です。

つまり、他人を動かすことのできる人は、カリスマというスキルを後から身につけた人なのです。後から身につけることのできるスキルのすべてがそうであるように、カリスマも習得し、伸ばし、きわめることが可能です。

ただし、そのためには正しい知識と、習得しようという意志が必要になります。

本書は、あらゆる人を動かすコミュニケーション能力の持ち主になるために必要なスキルをまとめた一冊です。

これらのスキルを駆使すれば、まわりの人が口々に「どうやって、そんなに人とうまく話せるようになったの？」と聞いてくることでしょう。聞いてこなかったとしても、心の中では不思議に思っているに決まっています――かつてのあなたがそうだったように。

本書で紹介した必須スキルの数々は、誰に対しても驚くような効果を発揮するでしょう。

どのページを開いても、即座に新しいスキルが身につくよう、私たちは工夫を凝らしました。重要なポイントはすぐにわかりますし、使い方の実例も紹介しています。

まさに、この「プロローグ」の文章と同じくらい、すぐに頭に入ってくるようになっているのです。

アラン＆バーバラ・ピーズ

人は扱われたように扱う

イタリアのベニスとベローナのあいだにある絶景の丘のそばに、小さな宿がたっていた。ある夜、一人の旅人がその宿に立ち寄った。

「どちらまでご旅行ですか？」と、宿の主《あるじ》が尋ねた。

「ベニスからベローナに引っ越すところです」

「ちょっと教えてほしいのですが」旅人は続けた。

「ベローナにはどんな人たちが住んでいるのですか？」

「そうですね、ベニスに住んでいるのはどんな人たちでした？」逆に宿の主が尋ねた。

「ひどい人たちでした」旅人は大声で言った。「薄情で、冷たくて、よそよそしくて。誰にも手を貸そうとしない人たちでした。だからあの街を離れたのです」

「ふむ」宿の主はつぶやいた。「なら、ベローナに住んでも気に入らないでしょうね。あそこに住んでいるのも、まったく同じような人たちですから」

旅人はがっかりして部屋に入っていった。

その晩遅く、別の旅人が同じ宿に立ち寄った。

「どちらまでご旅行ですか?」と宿の主が尋ねた。

「ベローナからベニスに引っ越すところです」とふたり目の旅人は答えた。

「教えてください」旅人は続けた。

「ベニスに住んでいるのはどんな人たちですか?」

「そうですね、ベローナにはどんな人たちが住んでいました?」逆に宿の主が尋ねた。

「すばらしい人たちでした」旅人は大声で言った。「人情深くて、温かくて、親切で、いつも手助けしてくれました。あの街を離れるのは、ほんとうにつらかったです」

「なら、ベニスも気に入るはずですよ。あそこに住んでいるのも、まったく同じような人たちですから」

他人とうまくやっていく

対人関係28のルール

目次

セクション2 日常会話の達人になる

セクション3　ビジネス会話の達人になる

装幀　轡田昭彦＋坪井朋子
装画　世戸ヒロアキ
翻訳協力　株式会社リベル
編集協力　株式会社ぷれす
編集　武田伊智朗（サンマーク出版）
桑島暁子（サンマーク出版）

Section 0

セクション 0

人間の「3つの本質」

誰もがもっている3つの衝動

1 「自分は重要な人間だ」と思いたい

「人間の本性がもっとも切実に求めているのは、自分が重要な人間であると実感することであり、他人から認められることであり、感謝されることだ」

――トーマス・デューイ

自分を重要な存在だと思いたい――この人間の欲求は、空腹のような生理的欲求を上回るものだと考えられています。さらには、愛への欲求や、安全への欲求をもしのぎます。空腹は食事をとればおさまりますし、愛も成就すれば欲求は満たされます。身の安全が確保されれば、誰も安全のことなど気にしなくなるでしょう。

しかし、自分を重要な存在だと感じたいという欲求は、そう簡単にはかなえられません。この欲求は、人間の内側から絶えず湧き上がるもっとも強い衝動であり、人間を動物と分かつ特徴のひとつになっています。このような衝動があるからこそ、人はブランドの服を身につけたい、高級車に乗りたい、立派な肩書きがほしい、子どもを自慢したい……などと考えるのです。若者が不良化するのも多くの場合は同じ衝動によるものです。極端な例では、殺人やストーカーなどの犯罪に走る人さえいます。

結婚に関する研究では、女性が長期の関係に見切りをつける主な理由は、裏切りや虐待、夫のパワハラなどではなく、感謝の欠如であるという結果が出ています。認められたい、自分が重要な存在だと実感したい、感謝されたいという思いは、どこにでも顔を出すオールラウンドな欲求なのです。ですから、相手に「自分は重要な人間なのだ」と思わせることができる人ほど、相手からポジティブな反応を引き出すことができるのです。

2 興味の対象は何よりも「自分自身」

相手が関心を持っているのは、何よりも自分自身のことであって、あなたのことではありません。となると、**対話の中で優先的にしなければならないのは、相手について話すことです。**

あなたが話題にすべきテーマの例を、いくつか挙げてみましょう。

相手の気持ち
相手の家族
相手の友人
相手の仕事
相手の事情
相手の意見
相手の持ち物

反対に、あなた自身に関する事柄は、聞かれないかぎり黙っていましょう。

要するに、人が心の底から興味を持つのは、自分自身と自分の利益に関することだけなのです。ですから、他人とうまくやっていこうと思えば、これを人間関係の原則と考えてアプローチしていくほかありません。あなたに関する事柄について、相手から話を振ってこないなら、それは端的に相手が興味を持っていないということですから、こちらから持ち出すことはやめましょう。

この「人間の本質」を知って失望する人もいるでしょう。見返りを求めずに他人に尽くすことがカッコいいと考える人にとっては、いかにも利己的で計算ずくに感じられるかもしれません。しかし、完全に無私無欲であるように見える人でも、たいていは「情けは人のためならず（人のために行動すると、巡り巡って結局は自分のためになる）」という原則に従って行動しているものです。実際のところ、**すべての行動の根っこには自分の利益があります。**地元のバザーで寄付をするのも、究極的には自分のためです。匿名で寄付をしたとしても、自分の気前よさを実感していい気分になることができれば、自分に利益が回ってきたということになります。マザー・テレサは全生涯を自分以外の人々に捧げましたが、それは神を喜ばせる行いであり、彼女はそのことで自分自身も満足を得ていました。これらはすべてポジティブな行為であって、決してネガティブなものではありません。

自分の利益を優先せずに行動することを他人に期待する人は、いつも「がっかり」させられることになります。

自分を優先することに恥じらいも弁解もいりません。それは、人の自然な生き方にすぎないからです。自分自身のために行動するのは、私たちの脳にしっかり組み込まれた機能であり、人類がこの世に誕生したときから私たちを特徴づけてきたものです。このことは、人間の自己防衛本能のもっとも基本的な形なのです。人は誰でも自分自身の利益を最優先するものだと理解することは、他人とのかかわりの中で何かを成し遂げようとする人にとって、必要不可欠と言えます。


相手を認め、相手に感謝を示し、自分は重要な人間なのだという気持ちを相手に抱かせること――これを30日間、毎日実践しましょう。意識しなくても実践できるくらい、「習慣」として身につけば、一生もののスキルになります。

3 「返報性」という自然の法則

何かをもらったら同等のものを返したいと思う――これは、人が逆らうことのできない無意識の衝動です。誰かからもらったものを気に入ったら、その人が気に入りそうなものでお返しをしたい、もしくはその人が気に入りそうなことをしてあげたいという気持ちになるでしょう。たとえば、クリスマスカードを受け取ったけれど、こちらからは出していないというときは、すぐにでも返事を送りたい衝動に駆られるはずです。これを「返報性の法則」といいます。

こちらが何か力を貸してあげたときは、たいていの相手がお返しをする機会をうかがうものです。称賛の言葉を贈れば、相手はこちらを好ましく思うだけでなく、自分もほめ言葉で返そうとします。逆に、よそよそしい態度を取れば、相手はこちらを愛想の悪い人間だとみなし、同じように愛想の悪い態度を取ろうとするでしょう。横柄な態度を取れば、無礼な人間だと思われるでしょうし、相手の態度もやはり横柄になります。相手が侮辱されたと感じたら、「いつか仕返しをしてやろう」という気分になってもおかしくありません。**何かポジティブなものをこちらから差し出せば、いつの日かポジティブなお返しを受け取ることになりますが、ネガティブなものを差し出せば、それ以上にネガティブな何かを受け取ることになります。これが自然の法則というものであり、法則が覆ることはめったにありません。**

他人に気に入られたいなら、どんなときでも自分より相手を立てるようにしましょう。自分のほうが上であるかのような態度を取ってしまうと、相手は引け目を感じたり、嫉妬を覚えたりします。ポジティブな関係を築こうとしているのに、これでは逆効果です。

日頃のトレーニングとして、レストランですばらしい食事が出されたときや、ショップの接客係にあいさつされたとき、空港で清掃係があなたの汚れた皿を下げにきたときなどはいつでも笑顔で応え、感謝の言葉をかけるのを忘れないようにしましょう。

これら3つの「人間の本質」を理解して受け入れれば、他人の心を動かす驚くような力を手にすることができます。

セクション0
まとめ

1 人間にとって最大の欲求は、自分を重要な存在だと感じ、感謝されたいと思うこと

相手に「自分は重要な人間だ」と思わせることができる人ほど、相手からポジティブな反応を引き出すことができる。

2 人間が興味を持つのは、何よりも自分自身

相手が何を考え、何を求めているかという観点からアプローチする。

3 「返報性」は自然の法則

ポジティブなものでもネガティブなものでも、何かを相手に差し出せば、
それはいつかどこかで何倍にもなって返ってくる。

Section 1

セクション1

相手に「自分は重要な人間だ」と思わせる

ルール1

「本音」でほめる

人をほめると、相手から共感力と理解力のある魅力的な人に見られやすいということが研究でわかっています。ですから、大いにほめましょう。パートナー、同僚、部下、上司、会ったばかりの人、お客さん、クライアント、郵便屋さん、庭師さん、子どもたち。その全員をです！

どんな人にでも、何かしらほめる点は見つかるものです。たとえそれが、あなた自身にとっては取るに足りないことだとしても。「あなたは特別だ」と相手に伝える努力を続けていれば、必ず、まったく新しい世界が目の前に開けることでしょう。

ほめ言葉の中でも、いちばんよく使われるのは「ストレート&ポジティブ型」のほめ言葉です。これは、相手の「行動」「外見」「持ち物」について、あなたがいいなと思ったことをストレートに伝えるものです。
たとえば、こんな感じです。

行動――「人に教えるのが上手だね」
外見――「すてきな髪型ね」
持ち物――「いいお庭ですね」

この3つの中でも、相手の「行動」をほめる言葉が、いちばん説得力があるとされています。ですが、次のふたつのテクニックを使えば、どのほめ言葉もいっそう強力な効果を発揮するようになります。

1 相手の名前を呼ぶ

会話の途中で相手の名前を呼ぶと、相手の関心レベルが高まり、続く言葉を熱心に聞いてもらえるようになります。ここぞというほめ言葉の前には、まず相手の名前を呼びましょう。メッセージが相手にぐっと届きやすくなるうえに、相手の記憶にも残りやすくなります。

2 「どこが」「なぜ」いいのかを伝える

ほめるのがヘタな人の多くは、「どこが」いいのかを伝えるだけで、「なぜ」いいのかを説明しません。ほめ言葉の効果は「本音感」のあるなしに左右されます。「どこが」いいのかを伝えただけでは、相手に社交辞令と思われてしまい、逆効果になりかねません。ほめるときは、必ず「なぜ」を説明するようにしましょう。こんな感じです。

行動――「アラン、きみっていい先生だよね。なぜって、生徒一人ひとりをよく見ているからさ」
外見――「スー、その髪型すてきね。なぜって、あなたの目がぐっと引き立って見えるもの」

持ち物——「ジョン、すごく美しい庭だね。なぜって、まわりの景色と完璧に調和しているじゃないか」

「名前の呼びかけ」をマスターして、相手の「どこが」「なぜ」いいのかを伝えるようにすれば、あなたのことも、あなたの言葉も相手の記憶に残ることでしょう。ただし、本心ではないほめ言葉は決して言わないこと。お世辞は簡単に見抜かれます。お世辞とは、相手が想像しているとおりのほめ言葉を、工夫なしに伝えることです。

「第三者型」のほめ言葉とは

最終的にある人の耳に入ることを狙って、別の相手と話しているときにその人をほめるのが「第三者型」のほめ言葉です。これは、ターゲットが声の届く場所にいるときに使うこともあれば、その人の親友やうわさ好きの知り合いなど、話の内容を伝えてくれそうな相手に向かって使うこともあります。ほめ言葉は、一対一で伝えられるよりもオープンな場で聞いたほうがうれしく感じられるものですし、信頼性もぐっと増します。

「また聞き型」のほめ言葉とは

相手の行動、外見、持ち物について別の誰かがほめていたことを、そのまま相手に伝えるのが「また聞き型」のほめ言葉です。

たとえばこんな感じです。

「やあボブ。ジョンに聞いたんだけど、きみはこのクラブで一番のプレーヤーらしいね。だって、誰もきみに勝てないそうじゃないか。ぜひ秘訣《ひけつ》を教えてくれよ」

ビジネスで相手に面談を申し込みたいときは、電話でこんなふうに言ってみるといいかもしれません。

「ジョンソンさん、あなたはこの街で最高の会計士だそうですね。必ず結果を出す方だと聞きましたが、そうなのですか？」

こうした問いかけは場の緊張感をやわらげ、相手の態度をなごやかにする効果があります。

「ほめられる」技術

自分がほめられたときは、次のように対応しましょう。

①すなおに受け取る
②お礼を言う
③心から喜んでいることを伝える

たとえばこんな感じです。

カイリー――「アン、あなたの車すてきね」

アン――「ありがとう、カイリー。ちょうど今朝、洗ってワックスをかけたの。気づいてくれてうれしいわ！」

ほめ言葉をすなおに受け取ると、ポジティブなセルフイメージを持っていることが相手に伝わります。逆に、ほめ言葉を否定してしまうと、相手のことまで拒絶したように受け取られがちです。

さっそく今日から、毎日3人を、何かしらの理由でほめる習慣を始めてみましょう。相手の行動、外見、持ち物、何をほめてもかまいません。そして、相手のリアクションを観察しましょう。あなたもすぐに、人にほめられるより、人をほめるほうが大きな満足感を得られることに気づくはずです。

ルール 2

「聞き上手」になる

誰のまわりにも「話し上手な人」はいるでしょう。しかし、一緒に過ごしたいと思うのは、むしろ「聞き上手な人」のほうです。わくわくするような会話ができる人というのは、相手が話しているときに熱心に耳を傾けることができる人のことです。

聞き上手な人は、話し上手な人以上に、ポジティブな第一印象を相手に与えることができます。病院を訪れる人の40％は、本当に具合が悪いからではなく、自分の話を聞いてもらいたくて医者に会いにくるのです。

腹を立てたお客さん、不満を抱えた従業員、不機嫌な友人……こういった人たちも、ほとんどの場合は自分が抱えている問題について、誰かに話を聞いてほしいと考えています。

ですから、会話上手な人になるには、まずは聞き上手になりましょう。

私たちは、話を聞く時間の3倍のスピードで物事を考えます。だからこそ、多くの人は相手の話にきちんと耳を傾けることを苦手としています。

商談などでは、あなた自身を売り込み、続いてあなたのアイデアや商品、サービスなどを売り込むことが最初のステップになりますが、このステップを「リスニングステージ」と呼ぶことがあります。なぜかというと、相手の状況やニーズに関して質問を重ねていき、相手の「ホットボタン」、つまり「隠れた願望」を探り出すことによって、初めて自分を売り込むことが可能になるからです。

聞き上手になる「5つの黄金ルール」

1 「アクティブリスニング」を実践しよう

「アクティブリスニング」とは、相手の話をどんどん引き出して、相手が言いたいことを確実に理解するための、とても効果的な方法です。

「アクティブリスニング」のやり方はとても簡単。相手が言ったことを、別の表現に言い換えるだけです。このとき「あなたは」という主語をつけるようにしましょう。

たとえば、こんな感じです。

マーク――「うちの会社にはスタッフが1200人もいるんだ。ここで出世するのは本当に難しいよ」
メリッサ――「あなたはとてもたいへんな思いをしているのね」（アクティブリスニング）
マーク――「そうなんだよ。昇進面接にもチャレンジしたんだけど、あまり手応えがよくないんだ」
メリッサ――「あなたは、はぐらかされているように感じているんでしょう」（アクティブリスニング）
マーク――「まさにそうさ。もしぼくに能力が足りないのなら、はっきりそう言ってほしいね！」

メリッサ――「あなたは本音で話してほしいと思っているのね」（アクティブリスニング）

マーク――「そのとおりだよ！　それだけじゃなく……（続く）」

もし、相手の言いたいことをきちんと理解できているかどうか自信がないときは、最後に「この認識で合っている？」という質問を付け加えてみましょう。

こんな感じです。

メリッサ――「あなたは本音で話してほしいと思っているのね。そうじゃない？」

アクティブリスニングのテクニックを使えば、相手に対して批判的になったり、自分の意見を押しつけたりすることにはならないので、相手がオープンに話をしてくれるようになります。また、あなたとしても次に何を言うべきか困らずにすみます。

2 相づちは最小限に抑える

相手が話しているときは、話の腰を折らないように、次のような「最小限の相づち」を打つだけにしましょう。

「なるほど……」

「うんうん」

「ほんと？」

「もっと詳しく……」

最小限の相づちを使えば、相手の話のボリュームが3倍にも増え、そのぶん多くの情報を吸収することができます。

3 アイコンタクトを絶やさない

相手があなたの目を見ているあいだは、あなたも相手の目を見るようにしましょう。アイコンタクトをまねることで、ラポール（親密な関係）を築くことができます。

4 相手に向かって身を乗り出す

体を後ろに引くのは、好きではない相手、あるいは退屈だと思っている相手と話しているときのサインです。相手に興味を持っていることをアピールするために、話を聞きながら身を乗り出しましょう。

5 話の邪魔をしない／論点をずらさない

話題を変えるのにせっかちになってはいけません。相手がその話題について話し終わるまで待ちましょう。

ルール 3

「ありがとう」を言う

「ありがとう」の言い方なんてどうでもいい、と思う人もいるでしょう。しかし、じつはこれこそ、人間関係を築くときにもっとも大きな効果を発揮するスキルです。いつも「ありがとう」を言うチャンスを探し、見つけたらすかさず実行しましょう。

効果的な「ありがとう」のための４つのポイント

1 はっきり聞き取れるように言う

はっきりと口に出すことで、感謝の気持ちが間違いなく相手に伝わります。

「ありがとう」を言えることに、喜びを感じましょう。あなたがお礼を言うのを他の人が耳にすれば、その「ありがとう」の効果は何倍にもなります。

2 相手の目を見て、ボディタッチする

アイコンタクトはあなたの誠実さを強調します。また、相手のひじのあたりに軽くタッチすると、あなたの感謝がよりダイレクトに伝わり、相手の心に残る「ありがとう」になります。

3 相手の名前を呼ぶ

「ありがとう」を、相手専用にアレンジしましょう。「ありがとう、スーザン」と言うのは、ただ「ありがとう」と言うよりはるかに効果的です。

4 メモに「ありがとう」と書いて残す

状況が許せば、これがもっとも効果的な「ありがとう」の伝え方です。インパクトの大きさで言えば、相手に向かって直接「ありがとう」を言うのはその次、電話で「ありがとう」を言うのはさらにその次という順位になります。メールに「ありがとう」と書いて送るのは、言わないよりはマシという程度です。

「ありがとう」を言うときは、つねに誠実であるようにしましょう。あなたの言葉が心からのものだということを相手に伝えるのです。本心ではない「ありがとう」は、あなたの仕草から相手に見抜かれてしまうものです。ささやかなことに対しても感謝するチャンスを見逃さず、いつでも「ありがとう」を届けることのできる人になりましょう。

ルール4

相手の名前を覚える

誰にとっても、自分の名前ほど甘い響きを持つ言葉はありません。名前とは、相手のすべてを指す言葉です。名前を最初に呼ぶと、その後に続く言葉は、どんな内容であれ相手に関心を持ってもらえるというデータもあります。

1回会っただけで、相手の名前を覚えることのできる人は多くありません。というのも、私たちは「自分が相手にどんな印象を与えているか」ということを気にするあまり、相手の名前にきちんと注意を払っていないからです。相手の名前を忘れてしまうのではなく、最初から聞いていないのです。

ステップ1　相手の名前を繰り返し呼ぶ

初対面の人を紹介されたときは、相手の名前を正しく聞き取ったかどうかを確認するために、2回繰り返して呼んでみましょう。これには、相手の名前を覚える時間を稼ぐという意味もあります。スーザンという名前の女性を紹介された場合、次のように言ってみましょう。「スーザンですね。お会いできてうれしいです、スーザン」。めずらしい名前の相手なら、どんなつづりなのかを聞いてみると、さらに覚えるための時間がつくれます。

ステップ 2 相手の名前を「モノ」に置き換えてみる

人の名前が覚えにくいのは、名前は「モノ」ではないために、はっきりとしたイメージを持って思い描くことが難しいからです。人の名前を覚えるときは、その響きから連想した「モノ」を思い描くようにしましょう。たとえば「バーバラ」という名前は「有刺鉄線（バーブドワイヤー）」という言葉を思い出させます。「ジャック」は「カージャック」、「ジョン」は「トイレの便器（注：水洗トイレの発明者であるジョン・ハリントンにちなんで、トイレをジョンと呼ぶことがある）」、「キャシー」は「キャット（ネコ）」といった具合です。

ステップ 3 名前を使ったバカバカしい場面を想像する

次に、名前のイメージと相手の特徴をかけ合わせて、なるべくバカバカしい場面を思い描きます。

もし、バーバラが人より少し大きな鼻の持ち主だったら、その鼻に巻きつけた有刺鉄線を引っ張って彼女をあちこちへ連れ回している場面を、ジャックが大きなあごの持ち主だったら、あごを使って車を持ち上げているカージャック犯の姿を思い浮かべるのです。ジョンの髪のはえぎわが後退していたら、頭にトイレの便座をかぶっている姿を想像してみましょう——カウボーイハットのように。キャシーの耳にピアスの穴が3つ空いていたら、ネコが3本のツメで彼女の耳からぶらさがっている様子を思い描きます。

バカバカしい場面ほど思い出しやすいというのがポイントです。でもくれぐれも、お相手にはそのイメージは、伝えないように。

セクション1 まとめ

ルール1

「本音」でほめる

・相手の「行動」「外見」「持ち物」をほめる。
・相手の名前を呼んでからほめる。
・相手の「どこが」「なぜ」いいのかを伝える。
・自分がほめられたときは、相手の言葉をすなおに受け取り、お礼を述べ、なぜほめられてうれしく思っているのかを伝える。

ルール2

「聞き上手」になる

・「アクティブリスニング」を実践する。相手が言ったことを別の表現に言い換えて、「あなたは」という主語をつけて相手に投げ返す。
・相づちは最小限にとどめる。
・相手の話の邪魔をしない。

・話題を変えない。
・相手がその話題について話し終わるまで待つ。

ルール3

「ありがとう」を言う

・はっきり聞き取れるように「ありがとう」を言う。
・「ありがとう」を言いながら、相手の目を見て、相手の体に軽く触れる。
・相手の名前を呼んでから「ありがとう」を言う。
・メモに「ありがとう」と書き残す。

ルール4

相手の名前を覚える

・相手の名前を繰り返して呼ぶ。
・相手の名前を「モノ」に置き換えてみる。
・名前のイメージと相手の特徴をかけ合わせて、なるべくバカバカしい場面を思い描く。

日常会話の達人になる

セクション2

Section 2

ルール5

「話がおもしろい人」になる

「話がおもしろい」と思われている人たちには、ある共通点があります。この人たちは、相手がいちばん関心を持っていることを話題にするのがうまいのです。その話題とは「相手自身のこと」。

そのための3つのテクニックを紹介しましょう。

1 相手に興味を持つ。相手が自分について積極的に話してくれるように働きかける

たいていの人は、アフリカでどれだけの人がＡＩＤＳに苦しんでいるかという問題より、自分の鼻の頭にできたニキビのことを気にしているものです。相手に自分を知ってもらおうと10年間努力するより、相手に興味を持とうと4週間努力

するほうが、大勢の人と友達になれるでしょう。

2 話すとき、「私は」「私が」「私の」という言葉を使わない

「私の他のクライアントさんは、目標を達成するのに私のアドバイスがほんとうに役に立ったとおっしゃいます。だから私はこのプランに自信を持っているんですよ」

こんなふうに言う代わりに、次のように言ってみましょう。

「このプランを実行すれば、あなたもきっと興奮を覚えることでしょう。あなたが想像したこともないような形で、あなたとご家族はメリットを受けられることになります」

3 相手が自分のことを話せる質問にしぼる

「きみは連休をどう過ごしたの？」

「あなたはどうやって、今の仕事に就いたのですか？」

「あなたの息子さんは、学校で元気にやってる？」

「次の選挙の結果について、あなたはどう予想しますか？」

「〇〇〇について、あなたはどう思いますか？」


大事なポイントは、相手はあなたにも他の誰にも興味がないということです。人が興味を持つのは自分のことだけです。そんなふうに考えるのは嫌だと思う人もいるでしょうが、乗り越えましょう。それが、人生の真実なのですから。

ルール6

上手な質問をする

たいていの会話は出だしでつまずくか、途中で行き詰まるものです。話題の選びかたが悪いのではなく、質問のしかたが間違っているからです。

質問には、次のふたつのタイプがあります。

1 クローズ型の質問

クローズ型の質問とは、答えがひとことやふたことで完結するような質問です。したがって、会話がすぐにストップしてしまいます。

Q「いつから会計士として働いているのですか？」

A「8年前ですね」

Q「映画、おもしろかった？」

A「うん」

Q「次の選挙ではどの党が勝つと思う？」

A「自由党かな」

また、クローズ型の質問をすると、会話が「取り調べ」のようになってしまいがちです。

② オープン型の質問

オープン型の質問とは、相手の考えや意見、詳しい説明などを聞き出すための質問です。オープン型で質問すると、あなたが相手に興味を持っていることが伝わるため、相手とスムーズに信頼関係を築くことができるでしょう。また、オープン型の質問ができる人は、おもしろく、誠実で、活動的で、思いやりがあるという印象を相手に与えることができます。

もっとも効果的なオープン型の質問とは、次のような出だしで始まるものです。


「どうやって……？」

「……について教えてください」

「どんなふうに……？」

「なぜ……？」


先ほどの質問を、オープン型で聞き直してみましょう。

Q「どのようなきっかけで、会計士として働くようになったのですか？」
A「学校にいたころから、数字しだいで物事の結果が変わることがおもしろいと感じていたんです。それに……」
Q「この映画でいちばんおもしろいと感じたシーンについて教えて」

A「ドラキュラが扉から忍び込んでくるシーンが好き。あそこでこんなセリフがあったでしょう?……」

Q「今回、労働党の候補者はどうやって選挙を動かしたと思う?」

A「決定的だったのは昨夜の討論会なんじゃないかな。というのも……」

オープン型で質問する練習をしましょう。クローズ型で質問してしまったときは、すかさずその後にオープン型の質問を続けましょう。こんな感じです。

Q「チェスターヴィルには、いつ引っ越してきたの?」(クローズ型)

A「10年くらい前かな」

Q「この10年で、チェスターヴィルがこんなに変わったのはなぜだと思う?」

A「そうだな、ぼくらが引っ越してきた最初のころは、街の開発はほとんど進んでいなかった。けれど、5年前から開発業者が入ってくるようになってからは……」

ルール7

会話のきっかけをつくる

あなたが他人に与える印象の90％は、最初に会ってから4分以内で決定されてしまいます。それを思えば、どんな状況でも会話を効果的にスタートさせるスキルが、どれほど大切なのかがわかるでしょう。

会話の糸口となる話題は、大きく分けて3つしかありません。

・状況について
・相手について
・自分について

会話の始め方も、3通りしかありません。

・質問する
・意見を述べる
・事実を述べる

❶ 状況について話す

あなたと相手が置かれている状況について話すのは、もっともシンプルな会話の始め方です。周囲を見て気づいたことについて、オープン型で質問してみましょう。この方法は、どんな状況でも使うことができます。

市場で――「さっき、あなたがズッキーニを買っているのを見かけたの。ズッキーニってどうやって料理すればいいのか、ずっとわからなくて。使い方を教えてもらえる?」

ギャラリーで――「この作家は何を伝えようとしているんだろう。きみはどう思う?」

ミーティングで――「きみがこの会議に出てくるなんて、いったいどういう風の吹きまわしだい?」

レストランの前の行列で――「この店はなんでこんなに人気があるんだろう?」

スーパーマーケットで――「この洗剤はどうやって使うのがいちばんいいの?」

ビジネス相手との面談で――「あなたはどのような経緯で、この業界に入ることになったのですか?」

2 相手について話す

誰だって、自分のことを話すのが大好きです。相手に関する質問を投げかければ、みんな喜んで答えてくれるでしょう。

パーティで――「あなたのジャケットにはおもしろいエンブレムが付いていますね。そのシンボルは何を意味しているのですか?」

ゴルフ場で――「すばらしいスイングですね。どこでマスターされたのですか?」

集会で――「あなたは公園の再開発に賛成していましたよね。あの場所を、どう発展させることができると考えていますか?」

ビーチで――「あなたはライフセーバーですよね。どうやったらなれるものなんですか?」

3 自分について話す

ここでのルールはシンプルです。相手があなたについて尋ねてこないときは、単純に興味がないということになります。これは、あなたの家族のことでも、持ち物のことでも、仕事のことでも同じです。**会話を始めるときは、相手に尋ねられないかぎり、自分の話を進んでするのは避けましょう。**

ルール8

会話を続ける

オープン型の質問にも簡単な答えしか返してこない相手となるべく長く話したいときは、「ブリッジ」が役に立ちます。ブリッジとは、言ってみればオープン型の質問を短くしたようなもの。オープン型の質問に短い答えが返ってきたとき、そこに橋をかけるように「ブリッジ」をかぶせると、たいへん効果的です。

ブリッジの例としては、次のようなものがあります。


「具体的には……?」

「たとえば……?」

「それから……?」

「ということは……?」

「あなただったら……?」

「それってつまり……？」

ブリッジを使った後は、黙って相手の返事を待つようにしましょう。

ジョン――「どうしてこの地域に引っ越してきたの？」
マーティン――「環境がマシだからね」
ジョン――「マシって……？」（ブリッジ）
マーティン――「空気が汚染された都会よりマシだと思って」
ジョン――「それってつまり……？」（ブリッジ）
マーティン――「つまり、ぼくと家族の健康にいいってこと。このあいだ何かの記事で読んだけど、都市部の人間の健康は悪化しているそうじゃないか。それに……」

右の例では、ブリッジが2回使われています。ジョンは会話の進行を促してはいますが、相手をさえぎっているようには聞こえないでしょう。それどころか、ジョンはほとんど話してさえいません。

ブリッジを効果的に使うには、次のふたつのボディランゲージと組み合わせる必要があります。

①　ブリッジを使うときは、相手に手のひらを差し出しながら、前かがみの姿勢になる。

②　ブリッジを使ったら、体を後ろに引いて口を閉じる。

前かがみになって手のひらを差し出すのは、無防備な姿勢を見せることで、警戒する必要はないと相手に伝えるためです。また、次はあなたが話す番ですよと、相手に会話の主導権を渡す意味もあります。

ブリッジを使った後は、自分からは話さないこと！　永遠とも思える沈黙が続いたとしても（よくあることです）、何か気の利いたことを言いたい衝動を我慢するようにしましょう。手のひらを差し出したからには、相手の発言を待つ責任があります。発言権を相手に渡したら、体を後ろに引くか背筋を伸ばすかして、あごに手を当て、軽くうなずきましょう。このジェスチャーは、相手の発言を促す効果があります。

ブリッジを使うのは楽しいものです。会話がより生産的になりますし、沈黙をコントロールする力を手に入れることもできます。相づちを最小限に抑えてブリッジを使えば、会話を長続きさせるうえで、最高に強力なツールになるでしょう。

ルール9

相手を会話に引きつける

誰とでも仲良くなるのがうまくて、誰にでも好かれるのは……? 答えは「犬」です。犬はあなたの姿を目にしたとたん、うれしそうに尻尾を振り、あなたがどれほど完璧な存在で、どれほどあなたのことを大切に思っているかを伝えてきます。犬は決してあなたのことを悪く言いませんし、あなたのへたくそな歌でも喜んで聴いてくれます。あなたが家に帰ってきたときは、どんなに夜遅くても大喜びで迎えてくれます。

犬は、下心などなしに、無償の愛情を相手にそそぐことができます。犬があなたに何かをねだったり、生命保険を買わせたりすることはありません。

会話をするときは犬を見習って、自分が話したいことを話すのではなく、相手が聞きたいと思うことだけを話すようにしましょう。多くの人は、自分が聞きたいと思うことや、自分が関心のある話題にしか耳を貸そうとしません。あなたが話したいことには興味がないのです。

釣りを想像してみればいいでしょう。釣り針に、ステーキやハンバーガーやチヨコアイスなど「あなたの好物」をぶらさげても仕方ありません。釣り針とは、ミミズでも腐りかけのエビでもかまいませんが、ともかく「魚が好きそうなもの」をぶらさげるところです。それが、相手の関心を会話に向けさせる唯一の方法です。相手が何を聞きたがっているのかを、つねに意識するようにしましょう。

話がつまらないと思われがちな人は、たいていの場合、自分に関係のある話ばかりしてしまっているものです。

相手が知りたいと思うことを想像し、その話題をずばり提供できるようになって初めて、相手を会話に引き込むことができるのです。

ルール
10

ひと目で相手から好感を持たれる

あなたの表情は、話している相手に「うつる」ものです。私たちの脳は、笑顔の相手には笑顔で接するようにプログラミングされているというエビデンスもあります。笑顔とは「あなたと会えてうれしいです。私はあなたを信頼していますす」という気持ちの表れ。だから、いつも笑っている人は誰からも好かれるのです――赤ちゃんのように。

20世紀末から21世紀初頭にかけて、「ミラーニューロン」と呼ばれる神経が、人の顔や表情を認識する脳の部位に作用して、瞬時に目の前の相手とまったく同じリアクションをとらせるという現象があることが発見されました。

つまり、意識的にせよ無意識的にせよ、私たちには目でとらえた相手の表情の「まね」をする習性があるのです。

サルやゴリラも微笑《ほほえ》むことができますが、その目的はヒトとほとんど同じです。

相手に対して攻撃の意思がないことを示し、一対一で自分を受け入れてほしいと伝えるのです。この習性も、私たちの脳にプログラミングされているものです。

ボディランゲージのレパートリーの中でも、とりわけ「笑顔」が重要とされる理由が、これでおわかりでしょう。たとえ笑いたいような気分ではなかったとしても、笑顔でいるにこしたことはありません。

笑顔のあるなしは、相手の気分に直接作用し、相手の反応を決定づけるからです。

また、話している最中に眉をひそめると、相手にネガティブな印象を与えます。相手のことを嫌いだとか、相手に批判的であるというメッセージとして伝わってしまうからです。

もし、眉をひそめるのがくせになっている人がいたら、おでこに手を当てながら話すようにしてみましょう。この悪いくせを直すよいトレーニングになります。

笑顔とユーモアは万能薬

話している相手に対して笑顔を見せると、ほぼ必ず、相手も笑顔を返してきます。このやりとりは、あなたと相手の双方にポジティブな感情をもたらすでしょう。会話の途中でときどき笑顔をはさんだり、笑い声を立てたりすることには、会話を円滑に進め、長続きさせる効果があることが研究でわかっています。その結果、会話はより実りの多いものになり、あなたと相手の関係も驚くほど深まります。笑顔が習慣として身につくまで、意識して練習するようにしましょう。

笑顔や笑いには免疫システムを強化し、病気やけがに強い体をつくり、たくさんのアイデアをもたらし、大勢の友人を惹《ひ》きつけ、長生きをかなえる力があることもわかっています。ユーモアとは「万能のクスリ」なのです。

さあ、笑いましょう！

ルール 11

相手に「共感」する

たいていの人は、自分のことや自分の置かれた状況について、他人の共感と理解を得たいと思っています。**相手に共感を伝えるには「フィール（感じる）・フェルト（感じた）・ファウンド（気づいた）」と呼ばれるテクニックが効果的です。**

相手にネガティブなことを言われたときも、反対意見を述べたり、腹を立てたりする代わりに、このテクニックを使って共感を伝えれば、一転してポジティブな反応を引き出すことができます。

「あなたがどう感じているかは、わかってる。同じような経験をした人がいて、その人もあなたと同じように感じていたから。でも、その人は、○○すれば（ここで解決策を提案する）うまくいくことに気づいたんだよ」

たとえば、誰かからこう言われたとします。

「おたくの会社は使いたくない。サービスがよくないと聞いたからね」

そんなときは、こう答えましょう。

「どう感じておられるかはよくわかります。わが社を長年、ご愛用いただいていているお客さまの中にも、そのように感じていた方はいらっしゃいました。でも、そのお客さまには、お昼前に注文すれば当日中に商品が届くということをご理解いただけたのです」

あるいは、恋人から次のように言われてしまったとします。

「もうあなたのことが好きじゃないの、ジャスティン」

そんなときは、次のように伝えます。

「スー、きみがどう感じているかはわかるよ。ジェシカも以前、ポールについてまったく同じように感じていたらしい。でも、よくよく話し合ってみたら、ポールが本当はやさしくて思いやりのある男だということに、ジェシカも気づいたんだ」

どちらのケースでも、相手の言うことを否定したり、反論したりはしていません。むしろ、相手に同意しているように聞こえるでしょう。誰かに批判されたときは、自分を守ろうとしないこと。相手の感情を受け入れましょう。

ルール12

相手に「同意」する

ぜひ身につけたい習慣のひとつが、「相手の意見に対して、いったんは同意の姿勢を見せる」というものです。誰だって、自分の意見に賛成してくれる人には好感を持つでしょう。

同様に、反論してくる人に対しては「なんだこいつ」と思うものです。あなたに対して批判的な相手に同意する場合、「相手の言っていることが正しいと認める」というのと、「相手の言うことを、ひとつの意見として尊重する」という、ふたつの方法があります。

1 相手の言い分が正しいと認める

相手の言うことの「正しい部分」について認めた後で、あらためて自分の立場を強調するのは、あなたに批判的な相手に対応するときの、もっとも説得力のある方法です。

母親――「今晩、踊りに行ったりすれば、明日の朝、仕事に行くのにさしつかえるんじゃない？」

娘――「ママの言うとおりかもしれない。でも、私はどうしても行きたいの。だって踊るのが大好きなんだもの！」

右のケースでは、母親の言い分を認めながらも、娘は自分の考えをしっかり主張しています。

スー――「会社を辞めるべきじゃないと思うわ、アダム。あなたは責任のあるポジションにいるのだから、これから不景気になっても仕事を失うことはないはずよ。だけど、独立起業するなんて、何の保証もないじゃない！」

アダム――「きみの言うとおりだ、スー。たしかに何の保証もないよ。でも、ぼくは自分がうまくやれると思っているし、このチャンスを逃したくないんだ！」

こちらのケースでも、アダムはスーの指摘が正しいことを認めています。だからと言って自虐的になるわけでも、スーにけんかを売るわけでもありません。攻撃的になることなく、自分の主張をキープすることに成功しています。

2 相手の言うことをひとつの意見として尊重する

相手の言うことに、どうしても賛同できない場合もあるでしょう。それでも「相手が意見を言う権利」を肯定することはできます。どれほどバカバカしいと思っても、ひとつの意見として尊重しましょう。

デイビッド――「モニカ、給料の全部を服を買うのに使っていたら、いつか破産するぞ！」

モニカ――「あなたがそう思うのも無理はないわ、デイブ。でも、私はたくさんの服に囲まれているのが大好きなの」

リアン――「どうしてマツダの車なんか買うの、グレン？　トヨタのほうが、よっぽどいいのに！」

グレン――「そう考える人がいるのもわかるよ、リアン。きみの言うとおり、トヨタの車は最高だ。ただ、ぼくにとってはマツダのほうが相性がいいのさ！」

モニカもグレンも相手の批判に耳を傾け、グレンに至っては相手が正しいと認めてさえいます。

しかし、ふたりとも自分の主張を取り下げてはいません。相手の言うことにまったく賛同できない場合でも、自分の信条を曲げずに相手に歩み寄る方法はあるものです。

どんなときでも、あなたが目指すべきは「自分は正しいことを言った」と相手に思わせてあげることなのです。

相手に「歩み寄れる」人になるための5つのヒントを以下にまとめました。

1 どんな人の意見にも耳を傾けようと心に決める

なるべく相手の意見を肯定的に受け止めようとする習慣をつけましょう。

2 「正しいこと」は認める

相手の意見のどこかしらには賛同しているということを、態度で示しましょう。うなずきを交えて「あなたの言うとおりです」「その点には賛成します」と伝えます。

3 相手の「意見を言う権利」を認める

たとえどれほどバカバカしい意見でも、意見を言うのは相手の自由です。その自由を認めましょう。同時に、あなた自身が正しいと思うことをあらためて強調しましょう。

4 自分が間違っているときは、すなおに認める

自分の間違いを認めることのできる人は、確実に好かれます。にもかかわらず、ほとんどの人は間違いに気づかないふりをしたり、うそをついたり、相手を否定したりしようとします。自分が間違っていることに気づいたときは、次のように伝えましょう。

「私が間違っていた」
「完全に誤解していた」

「私が悪かった」

5 反論しない

仮にあなたの言うことが正しかったとしても、議論に勝てるとはかぎりません。むしろ勝てないことのほうが多いでしょう。相手に真っ向から反論しても、友人を失い、信頼を損ない、けんか好きの相手を喜ばせるだけです。

ルール13

「好印象」を引き出す

初対面の相手を「値踏み」するとき、評価の90％は出会ってから4分以内に定まってしまうものです。このとき、もっとも大きな判断要素となるのは「ボディランゲージ」。続いて「話し方」や「話す内容」がチェックされ、最終的にどのくらい尊敬できる人物か、あるいはどのくらい魅力的な人物かといった判断が下されます。

初対面で相手の称賛と尊敬を勝ち取りたいと思うなら、次の3つのアクションを実行しましょう。

1 自分に自信を持ち、自分の行動にも自信を持つ

自分の人生をポジティブにとらえていることを、理由とともに相手に伝えまし

ょう。

「しがない銀行員です」とか「ただの主婦です」といった言い方で、自分を卑下するようなことは絶対にしてはいけません。

「銀行大手でお客さまの資産形成のお手伝いをしています」とか「かわいいふたりの子どもの母であり、夫ジョンのよきパートナーです」といった言い方をするようにしましょう。

自分をポジティブにとらえられない人が、他人からポジティブに見られることはないのです。

2 ノリのいい人になる

ノリのいい人は、相手に好印象を与えるだけでなく、相手までノリのいい人に変えることができます。前向きで期待のこもった話し方をしていれば、相手もあなたとの会話に乗り気になってくれるのです。

そして、笑顔を忘れずに——いつもニコニコしている人は、誰にとっても「気になる存在」なのですから。

❸ 何があっても批判しない

すぐに批判的なことを言う人は、他人を見下している、理解力が低い、自分に自信がない……といったイメージで見られてしまいます。

誰かがあなたのライバルについて話していたら、ライバルのすぐれた点を話題にしましょう。

とくにポジティブな話題を思いつかない場合は、黙っているのが無難です。

他人を悪く言うことで、自分が優位に立とうとするのはやめましょう。

ルール14

相手に「イエス」と言わせる

ここでは、あなたの提案に対して相手に「イエス」と言わせるための、4つのテクニックを紹介しましょう。

1 相手が「イエス」と言えるような理由を探す

人が行動を起こし、判断を下すときには、必ず何かしらの理由があります。ひとつの行動に複数の理由がついてくる場合でも、必ず「最大の理由」があるものです。その理由を探り出しましょう。「あなたがいちばん大切にしていることは何ですか？」と相手に尋ね、人づてでなく、直《じか》にその答えに耳を傾ければ、その人がどんな理由で行動を起こすのかが見えてくるはずです。決して、勝手に理由を推測したりしないこと。推測が間違っていた場合、その人を動かすことは不可能になってしまいます。あなた自身が行動する理由を、勝手に相手に当てはめてもいけません。相手が求めていることがわかったら、その望みを実現するのに、あなたが提案する方法がなぜよいのかを説明しましょう。人は、他人から「こうしたほうがいい」と言われたときよりも、自分で「こうすればいいのではないか」と気づいたときに、行動を起こそうと思うものです。結論は、あくまで相手に出させるようにしましょう。**あなたがすべきは、正しい質問を投げかけて、相手を正しい結論へと導くことです。**解決策を提案するときは、相手から聞いた「いちばん大切にしていること」の内容を、その中にあらためて盛り込みます。

2 答えが「イエス」になる質問にしぼる

答えが必ず「イエス」になりそうな質問から会話をスタートさせましょう。「ノー」が返ってきそうな質問は避けます。「イエス」が返ってきやすい質問には、たとえば次のようなものがあります。

「収入を増やすことに関心はありますか？」

「ご家族には幸せになってほしいと思いますよね？」

「お子さんと、もっと多くの時間を一緒に過ごしたいと思いませんか？」


あなたとの会話がポジティブな「イエス」の積み重ねで始まると、それ以降、相手は「ノー」と言いづらくなります。**相手を動かそうと思ったら、目指すべきはつねに、相手の気持ちに寄り添うこと。**それを忘れないでください――たとえあなたが、相手の考え方にまったく賛成できなかったとしても。

3 うなずきながら話す

人がうなずくときは、ポジティブな気持ちになっているときです。わざとうなずいてみるだけでも、気持ちが前向きになるというエビデンスもあります。「イエス」を引き出す質問を投げかけるときや、相手の答えを聞くときは、相手に向かってうなずいてみせましょう。すると、相手もうなずき返してくるはずです。

これは、相手があなたの提案に対して前向きになりはじめているサインです。

4 ふたつの「イエス」から選ばせる

選択肢がひとつしかないと、相手は「イエス」と「ノー」のどちらかを選ばなくてはなりません。そうすると、たいていの人は、より無難な選択である「ノー」のほうを選びます。これを避けるために、選択肢はふたつ用意しましょう。あなたが相手に選んでほしい答えをふたつ提示して、そのどちらかを選んでもらうのです。

たとえば、こんな感じです。


「打ち合わせは3時と4時のどちらのご都合がいいですか?」

「グリーンがいいかな?　それともブルーのほうが好み?」

「クレジットカード払いにされますか?　現金払いにされますか?」

「いつから始めよう?　水曜か、木曜はどうかな?」

ルール15

男性に話を聞いてもらう

男性には男性特有の会話のルールが存在することが、研究によって明らかになっています。女性が男性と会話をするときは、これらのルールを理解し、守ることがたいへん重要になってきます。

以下に紹介するのは、男性の脳の血流を測定し、どの部位が活性化しているのかを調査することによって明らかになった、「男性の会話」のルールです。

1 一度にたくさんのことを伝えない

男性の脳は、いくつもの小部屋に分かれているかのような働き方をします。それぞれの部屋が独立して、異なる作業を行っているイメージです。ですから、複数のアイデアや意見をひとまとめにして男性にぶつけるのはおすすめしません。

一つひとつの要素に分けて、順番に伝えるようにしましょう。

② 相手に「話す順番」を与える

男性の脳は、話すか聞くか、どちらかに集中するようにできています。つまり、大半の男性は「話す」と「聞く」を同時に処理することができません。男性同士の会話で、話し手が順番に交代するのはこのためです。ですから、男性と会話するときは、相手に「発言する順番」を提供し、その番が終わるまで待ちましょう。途中で話をさえぎってはいけません。

③ 相手の話を聞くときは、ポーカーフェイスをつくる

相手の話を聞きながら表情がころころ変わる人は、男性からは「感情が不安定」だと思われがちです。男性の話を聞くときは、シリアスな表情をつくり、「ええ」「なるほど」「ふむ」「そうそう」など、話の続きを促すような相づちを打

ちましょう。

4 「事実」と「情報」を伝えるようにする

男性の脳は「空間の把握」を得意としているため、男性は「物事と物事の関係性」に関心を持ちます。したがって、問題に対する解決策の提案や、あなたが見聞きした事実の報告などには、男性も耳を傾けてくれます。感情に訴えるのはやめて、言いたいことを筋道立てて説明しましょう。

5 単刀直入に話す

男性同士の会話では、女性同士の会話と比べて一文一文が短く、しかも一文により多くの事実やデータ、情報、解決策などが含まれているものです。したがって、男性に対して遠回しな言い方をしたり、何かをほのめかしたりするのは逆効果。言いたいことがあるときは、単刀直入に本題に入りましょう。

ルール16

女性に話を聞いてもらう

女性には女性特有の会話のルールが存在することが、研究によって明らかになっています。男性が女性と会話をするときは、これらのルールを理解し、従うことが決定的に重要です。

以下に紹介するのは、女性の脳の血流を測定し、どの部位が活性化しているのかを調査することによって明らかになった、「女性の会話」のルールです。

1 積極的に会話に参加する

自分の話す順番が回ってくるのを待っていてはいけません。女性の脳は、「話す」と「聞く」を同時に処理することができます。女性同士の会話では、全員が同時に話しているように見えますが、それはそうすることが「できる」からです。

話す順番が回ってくるのを待っていても、いつまでたっても発言するチャンスは訪れません。女性との会話では、積極的に話に参加しないと、話題に興味がないか、何かネガティブな意見を持っているのではないかと思われてしまいます。

2 相手の話を聞くときは、表情豊かに

女性の表情には、感情が如実に表れます。相手が話しているときの表情やジェスチャーをまね（ミラーリング）て、ラポール（親密さ）を形成しましょう。ただし、男性相手に同じことをするのは厳禁です。

3 個人的な情報を開示して、相手の感情に訴えかける

女性の脳は、他人の感情を読み取り、人と人の関係性を見極めることを得意としています。女性に対しては、あなたや家族に関するプライベートな情報を開示したり、ここだけの本音を垣間《かいま》見《み》せたりすることで、相手を会話に引き込むこと

ができます。

4 単刀直入に話さない

女性同士の会話では、男性同士の会話と比べて一文一文が長く、その中に複数の話題が含まれているものです。さらに、その話題に対する話し手の感情や考えまで盛り込まれます。したがって、性急に本題に持っていこうとしたり、解決策の提示を急いだり、話をまとめようとしたりするのは避けましょう。もっとフレンドリーに、リラックスした態度で、相手の話をいったんはそのまま受け止めてみてください。

ルール17

言ってはいけない「NGフレーズ」12

以下にまとめたのは、典型的な「会話を台無しにする言い回し」です。これらを口にすると、表面的な言葉とは裏腹の、話し手の感情や本音、偏見などが透けて見えてしまいます。NGフレーズを多用すると聞き手の信用を失うため、口ぐせになっている人は、すぐに直したいものです。

こう言うと……⬇こう聞こえる

① 「……みたいな」「……のような」⬇言っていることに自信がない。自分でも何を言っているのかよくわかっていない。

② 「わかるでしょ?」⬇自分でも何を言いたいのかよくわかっていない。

③
「奥さん」「旦那さん」⬇パートナーを人として尊重していない。

④
「本当の話」「率直に言って」「正直なところ」「ぶっちゃけ」「まじで」⬇（これらの言い回しで話が始まった場合）本音を隠そうとしている。誇張しようとしている。うそをつこうとしている。

⑤
「当然」⬇同意を強制しようとしている。

⑥
「べき」「はず」⬇責任感や義務感を押しつけることによって、同意を強制しようとしている。

⑦
「悪く取らないでほしいんだけど……」⬇ネガティブ、もしくは批判的な意見を言おうとしている。

⑧「私見ですが……」⬇独りよがりな意見を言おうとしている。

⑨「〇〇するつもりはないんだけど……」⬇まさに〇〇しようとしている。
例：「困らせるつもりはないんだけど……」という前置きから始まる、答えるのに困ってしまう質問など。

⑩「がんばります」⬇「期待しないでください」の意。

⑪「全力を尽くします」⬇「全力を尽くしても無理です」の意。

⑫「申し訳ないのですが……」⬇まったく申し訳ないと思っていない。

これらのNGフレーズには注意して、普段の会話の中から確実に取り除くようにしましょう。

ルール18

会話に取り入れたい「魔法の言葉」12

カリフォルニア大学の研究によると、会話の中でもっとも聞き手の関心を惹きつけるのは、以下の単語だといいます。

①　発見
②　約束
③　愛
④　証明
⑤　成果
⑥　節約
⑦　簡単
⑧　健康

⑨　金
⑩　新しい
⑪　安全
⑫　あなた

この結果からわかるのは、これらの言葉を会話の中にうまく盛り込めば、**「あなた」**はもっと人から**「愛」**され、心身ともに**「健康」**になり、**「お金」**をかけずに他人と仲良くなることが**「約束」**されるということです。これほど**「簡単」**で、**「安全」**なテクニックはありません。

ぜひ、これらの言葉を使いこなす練習をして、日常会話の一部にしてしまいましょう。

ルール
19

ネガティブな言葉をポジティブに変える

相手を傷つける批判的な言葉も、ほとんどの場合は工夫しだいで前向きなほめ言葉に変えることができるものです。人の失敗を責める代わりに、努力やチャレンジをほめるようにしましょう。いくつか例を紹介します。

こう言う代わりに……⬇こう言おう

「昇給がなくて残念だったね」⬇「バーバラ、きみがボスに対して希望をはっきり伝えたことはすばらしかったと思うよ。今回は残念だったけど、次はどうすればボスを説得できると思う?」

「きみの書いた小説、つまらなかったよ」⬇「ヴァレリー、ぼくはあのシーンがおもしろいと思ったよ。バートが結婚するか会社を辞めるかの選択を迫られるところだけど、あの場面のセリフはどれもリアルで身につまされた。あのシーンの着想はどこから得たの？」

「合格するまで5回も試験を受けたんだって？　何がそんなに難しかったの？」

⬇「ついにやったな、ビル。諦めずにがんばるのは、そう誰にでもできることじゃないよ。何をして祝うつもりだい？」

「また失敗したの!?」⬇「おめでとう、スー。昨日よりは確実に進歩したね！」

ルール
20

不安や恐怖を克服する

私たちが日々感じている「不安」には、次のようなエビデンスがあります。

不安の87％は実現しない。
7％は実現する。
6％は自分の力ではどうにもならない。

つまり、私たちが不安に思うことの大半は実際には起きず、実際に起きることに対しても、私たちができることはほとんどないということです。したがって、不安に対してあれこれ気を揉《も》むのは、時間の無駄でしかありません。

まずは、不安（ＦＥＡＲ）の正体をつかみましょう。

うその（**F**ａｌｓｅ）
証拠が（**E**ｖｉｄｅｎｃｅ）
本物に見える（**A**ｐｐｅａｒｉｎｇ **R**ｅａｌ）

不安とは、起こってほしくない状況を想像することによって生じる身体反応です。起こってほしくないことのほとんどが実際には起こらないことを思えば、不安が「うその証拠が本物に見える」という現象にすぎないことがわかるでしょう。

起こってほしくない状況のことなど、金輪際、考えるのはやめましょう。**実現しそうかどうかに関係なく、起こってほしいことだけを考えるのです。**起こってほしくないこととは対照的に、起こってほしいことは、考えないかぎり実際に起こることはまずありません。

セクション2 まとめ

ルール5
「話がおもしろい人」になる
・人はどんな話題より、「自分」の話に関心を持つ。
・「私は」「私が」「私の」という表現をやめて、「あなたは」「あなたが」「あなたの」という表現に置き換える。

ルール6
上手な質問をする
・オープン型の質問をする。「どうやって……?」「……について教えてください」「なぜ……?」「どんなふうに……?」などの質問で、会話をスタートさせる。

ルール7
会話のきっかけをつくる
・あなたと相手が置かれている「今の状況」について話す。もしくは「相手のこと」について話す。

・質問から会話をスタートさせる。

ルール8

会話を続ける

・ブリッジを使う。「具体的には……?」「たとえば……?」「それから……?」「ということは……?」「あなただったら……?」「それってつまり……?」などの問いかけで、会話をつなげていく。

ルール9

相手を会話に引きつける

・相手が知りたいと思っていることだけを話題にする。

・どうすれば相手が求めている状況を実現できるかを提案する。

ルール10

ひと目で相手から好感を持たれる

・誰に対しても笑顔で接する。

・「あなたと会えてうれしいです。私はあなたを信頼しています」という気持ちを笑顔で伝える。

ルール11

相手に「共感」する

・相手が感じていることに理解を示し、同じように感じていた人が他にもいることを伝えたうえで、その人たちが気づいた解決策について説明する。

ルール12

相手に「同意」する

・相手の言っていることの「正しい部分」について認める。
・相手の「意見を言う権利」を認める。

ルール13

「好印象」を引き出す

・自分に自信を持ち、自分の行動にも自信を持つ。
・ノリのいい人になる。
・何があっても批判しない。

ルール 14

相手に「イエス」と言わせる

・相手が「イエス」と言えるような理由を探す。
・答えが「イエス」になる質問にしぼる。
・うなずきながら話す。
・ふたつの「イエス」から選ばせる。

ルール 15

男性に話を聞いてもらう

・一度にたくさんのことを伝えない。
・相手に「話す順番」を与える。
・相手の話を聞くときは、ポーカーフェイスをつくる。
・「事実」と「情報」を伝える。
・単刀直入に話す。

ルール 16

女性に話を聞いてもらう

・積極的に会話に参加し、話す順番が回ってくるのを待たない。

・相手の話を聞くときは、表情豊かにリアクションする。
・個人的な情報を開示して、相手の感情に訴えかける。
・結論や解決策を示すのを急がない。
・性急に本題に入らず、回り道の会話を楽しむ。

ルール17

言ってはいけない「NGフレーズ」12

・相手の信頼を失うような言い回しは避ける。「……みたいな／……のような」「わかるでしょ?」「奥さん／旦那さん」「本当の話／率直に言って／正直なところ／ぶっちゃけ／まじで」「当然」「べき／はず」「悪く取らないでほしいんだけど……」「私見ですが……」「〇〇するつもりはないんだけど……」「がんばります」「全力を尽くします」「申し訳ないのですが……」など。

ルール18

会話に取り入れたい「魔法の言葉」12

・以下の12の単語は、相手を会話に引きつける効果がもっとも高いことがわかっている。「発見」「約束」「愛」「証明」「成果」「節約」「簡単」「健康」「金」「新しい」「安全」「あなた」。

ルール19

ネガティブな言葉をポジティブに変える

・相手を傷つける批判的な言葉を、前向きなほめ言葉に変換できるように視点を変えてみよう。

ルール20

不安や恐怖を克服する

・私たちが不安に思うことの大半は実際には起きず、実際に起きることに対しても、私たちができることはほとんどない。だから、いちいち不安がるのはやめよう。

・不安とは「うその証拠が本物に見える」現象にすぎないと割り切ろう。

セクション3

ビジネス会話の達人になる

ルール
21

初対面で相手の印象に残る

第一印象をあざやかに決めれば、ビジネスの世界でも相手を「ひとめぼれ」させることができます。

初対面を成功させる、9つの黄金ステップを紹介しましょう。

① 部屋に入る —— 入室するよう声がかかったら、堂々と歩いていきましょう。教頭先生から呼び出しを受けたいたずらっ子のように、戸口で立ちすくんでいてはいけません。自分に自信がない人ほど、歩くスピードを落として、すり足ぎみに部屋に入っていくものです。目的意識を持って入り口を抜け、歩く速度を維持しましょう。

② 相手に近づく —— きびきびと歩きましょう。力のある人、他人の注目を集

める人は、ほどほどのペース、ほどほどの歩幅できびきびと歩きます。のんびりと大きい歩幅で歩いていると、「暇なんだな」「こちらのしていることに興味がないんだな」「他にすることがないからここに来たんだな」といった印象を与えてしまいます。

③ **握手する** ―― 手のひらを垂直に保ち、相手と同じ強さで握ります。手を離すタイミングは相手に決めてもらいましょう。デスク越しに握手するのは絶対に避けること。相手のほうがこちらより「上手《うわて》」だという力関係が決まってしまいます。

④ **笑顔を見せる** ―― しっかり歯を見せて、顔全体で笑いましょう。口だけで笑ってはいけません。

⑤ **眉毛で合図する** ―― これは太古の昔から伝わる「他人に向けた承認の合図」として、私たちの脳にしっかりとプログラミングされているものです。

ほんの一瞬、眉毛を上げることが、そのまま相手を認めているサインになるのです。

⑥話す――出だしの15秒で相手の名前に2回、言及しましょう。一度に話すのは30秒以内にとどめます。相手よりやや遅いペースで話しましょう。

⑦座る――相手とまっすぐに向かい合った低めの椅子に腰かけるよう促された場合は、椅子の向きを相手に対して45度に変更し、「競争的／守備的（叱責）」のポジション（133〜135ページ参照）にはまるのを避けます。椅子の向きが変えられない場合は、体の向きを変えましょう。

⑧ジェスチャー――冷静に感情をコントロールできる人は、動きもシンプルで無駄がありません。高い地位にある人ほど、話しながらあれこれ身ぶりや手ぶりを交えることはないのです。手は、あごより高い位置に持っていかないようにしましょう。ラポールを築くには、タイミングを見て相手のジェス

チャーや表情をまねることが大事です。

⑨部屋を出る――面談を終えたら、落ち着いてゆっくりとものをしまいましょう。ここで慌てたりしないこと。できれば相手と握手をし、きびすを返して退室します。あなたが入室した後にドアが閉じられた場合は、退出時にもドアを閉め直しましょう。退室しようとするとき、相手は背後からあなたを見ています。ですから、もしあなたが男性であれば、靴のかかとをきちんと磨いておきましょう。あなたが女性である場合、相手は退出しようとするあなたのお尻をじっと見ています。不快に思うかどうかはともかく、このことは隠しカメラを使った実験でも確認されています。ドアにたどりついたらゆっくりと体を回し、笑顔を向けるようにしましょう。相手にはあなたのお尻よりも、笑顔を思い出してもらいたいものです。

ルール22

相手の批判をかわす

クライアントや顧客から、自分や会社に対する批判を受けたら、「あなたならどうする？」戦法で、その場をうやむやにしてしまいましょう。もし相手があなたの立場ならどうするか、その批判を自分自身が受けることになったらどう対処するかを尋ねればいいのです。

相手が何と答えようと、あなたはこう応じればいいでしょう。

「そのとおりです！　私たちもそうしています！」、あるいは「おっしゃるとおりです！　われわれもまさに取りかかろうとしているところです！」。

たとえば、こんな感じです。

客――「おたくは、配達が遅いという話を聞きますよ」

あなた――「はい。以前、在庫の管理に問題があったことは事実です。そこでお聞きしたいのですが、もし○○さん（相手の名前）がマネジャーとして同じようなクレームを受けた場合、どう対処されますか？」

客――「私なら、関係者を全員集めてミーティングを開き、きちんとした計画を策定しますね。決して遅配が起こらないような、きちんとしたプランをね！」

あなた――「おっしゃるとおりです！　私たちも、まさにそうしています（そうするところです）」

あなたは事実を認めたうえで、相手の意見がもっともであるばかりか、自分も同じように取り組んでいる（あるいは取り組もうとしている）と明言しています。

そうすることで、相手を「自分は正しい」という気持ちにさせることができるでしょう。「あなたならどうする？」戦法を使えば、相手の批判は行き場を失い、もう一度それを蒸し返そうという気にはならなくなります。

ここで、もしあなたの会社がまだ必要な対策を講じていないなら、もとより相手と取り引きする資格はなかったということになります。

ルール
23

堂々と電話に出る

たいていの人は電話に出ると、次のように応答します。

「はい。XYZ社です」

つまり、会社名だけで自分の名前を名乗らないのです。しかし、電話では最後に聞いた言葉がもっとも相手の記憶に残りやすいという研究結果があります。ですから、自分の名前を最後に言うようにしましょう。最後に名前を言うことで、86%の人に名前を覚えてもらえるようになるといわれています。

今日から、電話に出るときは次のように言いましょう。

「はい。XYZ社のアランです」

あなたが名前を言うことで、相手も自分の名前を名乗りやすくなります。このやりとりを通じて、あなたと相手にさっそくつながりができるのです。

でも、「アラン」ではなく自分の名前を名乗るよう、お間違えなく。念のため。

ルール24

部下はこうして叱る

あなたがリーダーの立場なら、部下の不適切な行動や非生産的な態度を指摘したり、叱ったりしなくてはならない場面も出てくるでしょう。たいていの人は、他人に注意し、行動を改めるよう促すのを嫌がります。そんな人のために、自分も相手も傷つけずに、すばやく、効果的に叱るための「６つの黄金ルール」を紹介しましょう。

部下を叱る／批判する／評価する／ときの６つの黄金ルール

1 「サンドイッチ・テクニック」を使う

タマネギは、それだけで食べると辛く感じますが、他の野菜とミックスしてサラダにすることで、ぐっとおいしく食べることができます。叱るときのトーンをやわらげるために、相手がこれまでにしてきたポジティブな行為をほめておきましょう。また、批判を伝えた後にも、別のポジティブな行為について触れます。

2 相手の人間性ではなく、行動について批判する

相手について、人としては好ましく思っていることを伝えたうえで（本当にそうだという前提ですが）、問題の行動については残念に思っているのだと伝えましょう。

3 相手の協力をあおぐ

「言うことを聞け」というような態度を取ってはは絶対にいけません。問題を解決するためには、相手の協力とサポートが必要なのだということを伝えましょう。

4 自分も似たようなミスをしたことがあると認める　そのうえで解決策を提示する

叱るときは、自分も昔は同じようなミスをしたことがあるという話から入るようにしましょう。そうすることで、相手も批判を受け入れやすくなります。言ってみれば、歯を抜く前の麻酔のようなものです。あなたも他の人たちも、過去に似たような問題を抱えていたことがあり、そのときにどうやって問題を解決したのかを語りましょう。自分も完璧な人間ではないと認めることで、相手はむしろ、あなたについていきたいと思うようになります。

5 叱るのは1回だけ。人前では叱らない

絶対に、他人がいる場所で叱責してはいけません。ドアを閉めた部屋の中で、落ち着いて話すようにします。ひとつの問題について、叱ったり解決策を提案したりするのは一度だけ。相手の失敗を何度も攻撃するのはやめましょう。

6 なごやかなトーンで会話を締めくくる

問題解決に協力してくれたことに対して礼を言い、ここで話し合った新しい解決策によって、相手が状況を改善していくのを期待していると伝えて、面談を終えます。

ルール
25
スピーチで人の心を動かす

人前に立って聴衆の心を動かす力強いスピーチができる人は、誰からも尊敬されますし、ビジネスでも人間関係でもリーダー的な立場を任されるものです。

ここでは、どんなテーマでも、即興で人を動かすスピーチができるようになる4つのステップを紹介します。2分でも20分でも1時間でも、スピーチの長さを問わず、押さえるべきは次の4つのポイントです。まずはこれらを頭に叩《たた》き込みましょう。

① やれやれ
② なぜその話題を？
③ たとえば？
④ それで？

①やれやれ

あなたがスピーチをしようと立ち上がったときの、聴衆の胸の内はこんなものでしょう。「やれやれ。また退屈なスピーチが始まるぞ」。だからこそ、最初に持ってくるエピソードやセリフはドラマチックでユーモラスな、印象に残るものでなくてはなりません。退屈だと決めつけている聞き手を揺さぶり、その注意を引きつける必要があるからです。

②なぜその話題を？

次のステップは、そのドラマチック／ユーモラスなエピソードやセリフを取り上げた理由を聞き手に伝えることです。それがなぜ聴衆にとっても重要なことなのかを伝えましょう。

③たとえば？

スピーチの大部分はこのパートに当てます。あなたが話す事柄が事実であり、なぜそれが大切なのかを、3つのポイントに分けて伝えましょう。スピーチが長くなる場合は、3つのポイントそれぞれを、さらに3つの細かい論点に分けて説明します。

④それで？

スピーチも終わりに差しかかるころ、聴衆はこんなふうに感じているかもしれません。「そうだとして、私は何をすればいいの？」スピーチの中で提示してきたアイデアや考え方、行動指針がしっかりと聞き手に浸透するように働きかけるのは、まさにこのタイミングです。

たとえば、親たちの集まりで交通安全について話をするように頼まれたとしましょう。スピーチの目的は、子どもを連れた親に、交通量の多い道路を一か八かで渡ろうとするのではなく、横断歩道を利用するよう説得をすることです。聴衆のリアクションに応じるイメージで、次のように話を進めればいいでしょう。

1 やれやれ

「昨年、2355人もの子どもたちがいたずらに障害を負い、あるいは短い人生を終えなくてはなりませんでした。子どもたちがそのような目に遭《あ》った責任は、彼らの親にあります。統計的に言えば、この部屋にいるみなさんのうちふたりは、ほどなく病院に担ぎ込まれたわが子の目を覗《のぞ》き込んで、どうか無事であるようにと祈ることになるでしょう。問題は、そんな目に遭うのは、みなさんのうちの誰なのかということです」

2 なぜその話題を？

「みなさん、私がこのようなデータを持ち出したのはほかでもありません。昨年、それだけ多くのこの国の子どもたちが、両親のもとに急ごうと道路を渡っているときに車にはねられているからです。そして、はねられた子どもの96％は横断歩道を渡っていませんでした。これからする話は、この部屋にいる誰にとっても大きな意味を持つものです。それは、みなさんの愛する子どもたちに関することだからです」

3 たとえば？

ポイント1「最近、全米安全評議会が46の学校の校外で調査を実施したところ……」（統計その他のデータを引用することで、あなたの論点を補強します）。

ポイント2「私たちの住む地区で、保護者の交通安全に対する態度を独自に調査したところ……」（同右）。

ポイント3「私もまた子を持つ親です。みなさんも同じだと思いますが、私は自分に何度もこう問いかけています……」（3つ目のポイントには、個人的な意見や感情を盛り込んでもいいでしょう）。

4 それで？

「さて、私が申し上げたいのはこういうことです。これからお子さんを学校に迎えに行くときは、ぜひとも……」（聴衆があなたの提案を実行するよう働きかけます）。

スピーチが終わったら、黙って腰を下ろしましょう。

ここで「ご清聴感謝します」などとは決して言わないこと。いいスピーチになっていれば、むしろ聴衆のほうがあなたに感謝するでしょうから。

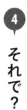

ルール
26
聞き手の「視覚」に訴える

ビジュアル・プレゼンテーションについては、次のような研究結果があります。本、チャート、グラフ、ノートパソコンなどをプレゼンに用いた場合、情報は82%が目から、11%が耳から、そして7%がその他の感覚器官から吸収されるというのです。

聞かせて、見せて、巻き込む

ペンシルベニア大学ウォートン校の研究によると、口頭でプレゼンテーションを行った場合の情報の定着率は、わずか10%だといいます。それにひきかえ、言葉にビジュアル要素を組み合わせると、情報の定着率は51%にまで上昇します。

つまり、ビジュアル・プレゼンテーションをうまく活用すれば、プレゼンの効果は5倍アップするのです。

さらにこの研究では、ビジュアル要素を加えることで、ビジネスミーティングの平均時間が25・7分から18・6分にまで短縮されることも明らかになっています。じつに28％も時間の節約になるのです。

それだけではありません。言葉とビジュアル要素に「聞き手の感情移入」が加わると、情報の定着率は92％にまで上昇します。

ここであらためて、情報の定着率についてまとめてみましょう。

耳だけ――10％
目と耳――51％
目と耳と感情――92％

口だけで語るのはもっとも効果が低く、相手の目と耳の両方に働きかければ、それなりの効果が得られます。ですが、聞かせる、見せるに加えて、聴衆をプレゼンテーションに巻き込むことができれば、情報の定着率は最大になります。

「パワーリフト」を使う

プレゼンではペンを活用しましょう。ペンで資料を指しながら、相手が見ているものを言葉で説明するのです。次に、ペンを資料から離して、相手の目と自分の目のあいだに持っていきます。これはパワーリフトと呼ばれる手法で、相手の顔を磁石で引きつけるように、こちらに向けることができます。このとき、相手の目はまっすぐにあなたの目を見ているはずです。つまり、あなたが言うことを見て、聞ける姿勢になっているわけです。ペンを活用すれば、ただ話すよりも、プレゼンの内容を相手の中により深く浸透させていくことができます。

プレゼンを行う相手が男性の場合は、しっかりと相手の目を見つめましょう。逆に、女性の場合は、適度に目をそらします。その加減が難しいと感じられたら、相手がこちらに目を向けてきたときに合わせて視線を返せばいいでしょう。

ルール 27

面談のベストポジションを見極める

オフィスでも自宅でも、椅子をテーブルに対して戦略的に配置することで、相手を説得するような雰囲気に持っていくことも、逆に対立するような雰囲気に持っていくことも可能です。

次ページのような長方形のテーブルの場合、席の配置パターンは5つあります。仮に相手が座る位置をAとして、あなたが座る位置を考えてみましょう。

競争的／守備的ポジション B3

テーブルは、あなたと相手のどちらにとっても強固な壁になります。相手の反対側に座れば、守りの構えを取ることになり、「受けて立つぞ」といった雰囲気が生まれます。お互い一歩も引かずに、自分の立場を守ろうとするでしょう。

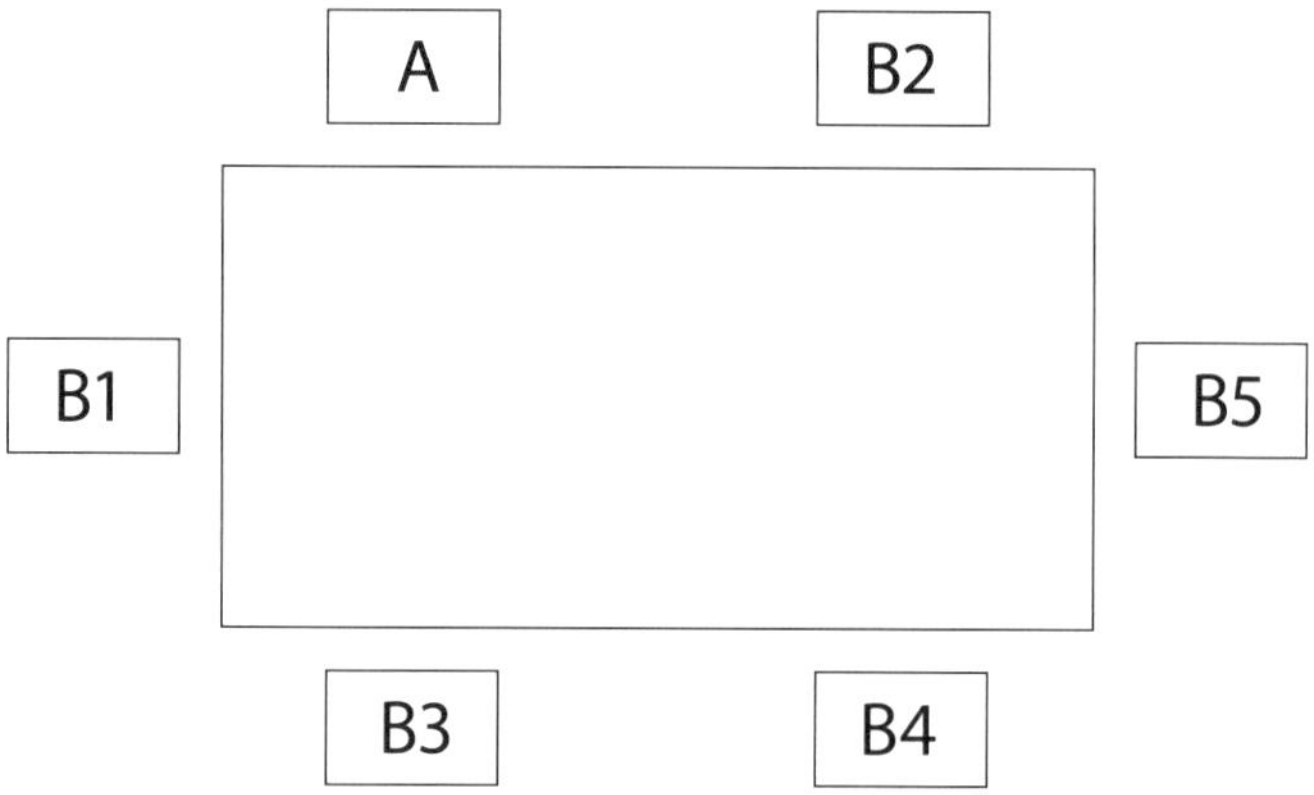
A
B2
B1
B5
B3
B4

ビジネスでの面談に関する研究では、56％の人がこの位置関係を「競争的」だと認識しているそうです。このポジションを取ろうとするのは、互いに競り合っている人間か、相手を叱責しようとしている人間です。

反対側に座る人間は、口数が少なくなりますが、その態度はより否定的、競争的、攻撃的になるでしょう。もしあなたがこのポジションで座る羽目になったら、相手と真正面で向き合わないよう、椅子の向きを45度傾けましょう。

協調的ポジション B2

よく似た考えの持ち主、あるいはともに仕事に取り組む人間同士がこのポジションを取ることはめずらしくありません。他人と協力して仕事に当たるように求められたとき、55％の人が、この席をもっとも協調的なポジションとして選んだ、あるいは直感的にそこに座ったと答えています。

このポジションは、あなたの考えを説明し、それを相手に受け入れてもらうのに最適なのです。この距離感なら、適度なアイコンタクトを行うこともできますし、相手のボディランゲージをミラーリングすることもできます。

コーナーポジション B1

フレンドリーでカジュアルな会話をしようとする人が取るポジションです。また、聞き手のAさんに対して何かを説明するのに、戦略上もっとも好ましいポジションでもあります。椅子をB1の位置に移動するだけで、張り詰めた空気をやわらげることができ、ポジティブな結果が生まれる可能性を高めることができるのです。

B4とB5は、図書室で一人考えにふけるために、あるいは相手とのかかわり合いを避けるために取るポジションです。何かをプレゼンテーションしようと思うなら、この席を選んではいけません。

オフィスでも自宅でも、角テーブルではなく、よりプライベートな感じのする丸いコーヒーテーブルなどに案内されたら、これはポジティブな兆候だと言っていいでしょう。ビジネスシーンでの拒否反応の95％は、デスクの反対側からもたらされるものだからです。とはいえ、体が沈み込むような低いソファには座らないこと。2本脚の上に小さな頭がくっついたモンスターみたいに見えるのがオチです。やむを得ない場合は、ソファの端のほうに背筋を伸ばして座りましょう。そうすれば、ボディランゲージを使うこともできますし、相手に対して斜め45度の位置を取ることもできます。

ルール
28

相手の心をつかむ「必勝ボディランゲージ」10

繰り返しになりますが、初対面の相手に対する印象の90％は、出会い頭の４分で決まります。そして、その印象の60～80％は、非言語的な要素に左右されます。以下に紹介する10のボディランゲージをマスターすれば、相手に対して好ましい印象を与えることができるでしょう。

1 両手のひらを上向きにする

話すときは手のひらが相手から見えるように構えましょう。この仕草への反応回路も、太古の昔からヒトの脳にしっかりとプログラミングされています。相手はあなたに脅威を感じず、ポジティブな反応を示すでしょう。

2 手の指をぴったり合わせる

あごより下で、手の指をぴったり合わせて話す人は、聞き手の注意を一身に集めることができます。逆に、手をあごより高い位置に上げたり、指を開きっぱなしにしたりして話す人に対しては、「話を聞こう」という気持ちが薄れるものです。

3 ひじをゆったりと開いて座る

椅子に腰を下ろしたら、両ひじをアームレストに乗せます。これは力を誇示する姿勢とされ、相手に対して力強く凛《りん》とした印象を与えることができます。控えめな性格の人は、腕をアームレストの内側に落とし、自分を守るように両ひじを体に引き寄せて座りがちですが、これでは相手を恐れ、弱腰になっているように見られてしまうので避けましょう。

4 相手との距離を保つ

相手のパーソナルスペースを尊重しましょう。初対面の相手とミーティングを持つとき、序盤ではこれが最高の戦略になります。近寄りすぎると、相手は椅子を後ろにずらしたり、体を後ろに引いたり、あからさまに苛立《いらだ》ちを見せたりするかもしれません。指先で机をパタパタ叩いたり、ペンをカチカチ鳴らしたりしはじめたら危険信号です。親しい間柄の人なら近くに座ってもかまいませんが、会ったばかりの人とは距離を取りましょう。とりわけ、自分よりも明らかに年長、もしくは若い人が相手の場合は、ぐっとあいだを空けて座ります。

5 相手のボディランゲージをまねる

短時間でラポールを築くには、相手のボディランゲージと話し方をミラーリングすることです。初対面のときは、相手の座るポジション、姿勢、体の向き、身ぶり、顔の表情、声の調子などをまねます。ほどなく相手は、あなたにはどこか好ましいところがあると感じ、つき合いやすい相手だという印象を持つでしょう。

相手がカップルである場合は、どちらがどちらのまねをしているかを注意深く観察しましょう。これで、どちらが決定権を持つ人間なのかがわかります。もし、女性の動きを男性がまねているようなら、男性に決定を求めても得るところはほとんどありません。

6 相手の話す速度に合わせる

相手の話す速度から、脳が情報を処理しているスピードがわかります。それと同じ速さ、ないしはそれよりやや遅い速度で、相手の抑揚とイントネーションをまねましょう。複数の研究で、人は相手が自分より早口で話すと、プレッシャーをかけられているように感じるということがわかっています。

7 腕組みをしない

胸の前で腕を組むのは、好ましくない相手とのあいだに壁をつくろうとしているサインです。腕を組んで話を聞いた場合、話の内容を記憶している割合は40％も低下してしまいます。腕を組んだ相手の姿勢を変えさせるには、何か腕をほどかなければならないようなアイテムを手渡しましょう。ペン、本、パンフレット、サンプル、アンケート用紙などを手渡して、相手が腕をほどき、話に身を乗り出すように促しましょう。あなたのほうも、一対一のミーティングで相手を説得したいと思ったら、決して腕を組まないようにご注意を。

8 相手のひじをタッチする

タッチされたら、タッチを返しましょう。相手からタッチしてくることがなければ、何もしなくてもかまいません。とはいえ、人は誰かにひじを軽く（3秒以内）タッチされると、まったくタッチされなかった場合より協調的になる可能性が68％高くなるという実験結果があります。

こんなエビデンスもあります。レストランで、客のひじと手にタッチするよう指導された女性の接客係は、タッチしない接客係よりも80％も多く男性客からチップを受け取ったというのです。一方、男性接客係の場合は、客の性別に関係なくチップが32％増えました。言い換えれば、ひじと手に巧みに触れるだけで、ほしいものを手に入れる可能性が上昇するということです。

9 相手の名前を復唱する

次に初対面の人と会うときは、握手しながら左手を伸ばして相手のひじを軽くタッチし、その人の名前を復唱して、名前を正しく聞き取ったことを確認しましょう。こうすれば、相手としても丁重に扱われている気分になりますし、こちらも復唱することで相手の名前を記憶にとどめることができます。

10 自分の顔を触らない

研究によれば、情報を隠したり、うそをついたりしているときは、そのプレッシャーから血圧が上昇し、鼻や顔に触れる回数が劇的に増えるといいます。たんに鼻がかゆくなっただけだとしても、事情を知らない相手からは、うそをついていると思われかねません。手は顔から遠ざけておくにかぎります。

1から10までのすべてを練習する

大事な打ち合わせや会議に向かうときは、数分のあいだ静かに座って、ここで紹介したボディランゲージを自在に使いこなしている自分の姿を想像してみましょう。その姿がはっきりと思い浮かべられるようなら、体が自然とうまくやり遂げてくれるはずです。ビジネスの相手に対しては、裏のない、信用に足る人間になりきる必要があります。相手に真剣に向き合ってもらいたいなら、前もってどう行動するかをイメージトレーニングしておかなければなりません。

練習を重ねることでこれらのスキルが習性になり、一生役立つという研究結果もあります。

セクション3 まとめ

ルール21

初対面で相手の印象に残る

・部屋に入るときは、きびきびと、堂々と。
・握手は手のひらを垂直に立てて、相手と同じ強さで握り返す。
・笑顔をつくる。歯を見せて、顔全体で笑うこと。
・眉毛を一瞬上げる。
・出会い頭の15秒で、相手の名前に2度言及する。
・相手に対して体の向きを45度傾ける。
・シンプルで無駄のない動きやジェスチャーを心がける。
・退出するときは、落ち着いてゆっくりとものをしまう。女性なら、去り際に振り返って笑顔を向ける。

ルール22

相手の批判をかわす

・こちらの身になって考えてもらう。相手がもし自分の立場だったら、あるいは相手の会社が批判を受けたときは、どのように対処するかを尋ねる。

ルール23

堂々と電話に出る

・相手の記憶に残るよう、自分の名前を最後に言う。

ルール24

部下はこうして叱る

・「サンドイッチ・テクニック」を使う。
・相手の人間性ではなく、行動について批判する。
・状況の改善について相手の協力をあおぐ。
・自分もかつて似たミスをしたことを認め、解決策を示す。
・叱るのは1回だけ。人前では叱らない。
・なごやかなトーンで会話を締めくくる。

ルール25

スピーチで人の心を動かす

・やれやれ――聞く気のない聴衆を動かすため、スピーチの冒頭にドラマチックでユーモラスなエピソードやセリフを取り入れる。
・なぜその話題を？――なぜそんな話をするのか、なぜそれが聴衆にとって大事なことなのか、その理由を説明する。
・たとえば？――強力な3つの論点を提示し、それぞれの論点を補強する3つのポイントを示す。
・それで？――自分が提案したことを聴衆が行動に移すように働きかける。

ルール26 聞き手の「視覚」に訴える

・資料を見せながら、聴衆を巻き込むようなプレゼンテーションを意識する。そうすることで、聴衆に対する情報の定着率は最大レベルにまで上昇する。
・パワーリフトを使う。相手の視線を移動させ、プレゼンの内容に目と耳の両方を集中させる。

ルール27 面談のベストポジションを見極める

・競争的／守備的なポジションは避ける。
・協調的ポジションもしくはコーナーポジションをなんとか確保する。

ルール28

相手の心をつかむ「必勝ボディランゲージ」10

・相手から両手のひらが見えるようにする。
・手の指をぴったり合わせる。
・ひじをゆったりと開いて座る。
・相手との距離を保つ。
・相手のボディランゲージをまねる。
・相手の話す速度に合わせる。
・腕組みをしない。
・相手のひじをタッチする。
・相手の名前を復唱する。
・自分の顔を触らない。

エピローグ

――バケツの水を入れ換えよう

ゾウを訓練する方法

サーカスのゾウをつなぎとめているのは、地面に打ち込まれた鉄の杭《くい》から延びている、ごく軽い鎖です。ご存じでしたか?

若いゾウでも、杭を引き抜いたり鎖を引きちぎったりするのは造作もないことでしょう。けれども、成長したゾウでさえ、そんなことをして逃げたりはしません。それはなぜなのでしょうか?

サーカスのゾウは幼いころ、日に何時間もがっしりした鎖を脚につながれて過ごします。その鎖はコンクリートの大きなブロックにつながれています。

どれほど鎖を引っ張って暴れても、あるいはキーキーと鳴いたり、パオーンと吠《ほ》えたりしても、わが身が自由になることはありません。ゾウは成長するにつれて、何をどうやっても鎖を引きちぎって逃げることなどできないと悟ります。その結果、チャレンジすることをやめてしまいます。

今やゾウは、心理的に「条件づけ」を施されています。鎖を脚につながれていれば、その鎖がどれほど軽く、どれほど雑に取りつけられていても、もはや逃亡は不可能としか思えなくなっているのです。ゾウにとっては、鎖が取りつけられているということが、そのままとらわれの身であることを意味します。

私たち人間もまた、生まれたその日から私たちを訓練する「トレーナー」によって条件づけをされています。ヒトとしての本能は別として、生まれたときは誰でも真っ白な状態です。したがって、私たちがすることや考えることのすべては、トレーナーである両親や兄弟、友人、教師、広告、テレビなどによる条件づけの結果なのです。ほとんどの条件づけは、そうとはわからないほどささやかなもので、繰り返しによって私たちの無意識に入り込み、将来訪れるであろう決断のときに備えて蓄えられます。これらの条件づけの中には、私たちを守ってくれるものもありますが、一方でその多くは個人としての成長を阻むものにもなります。私たちは条件づけによって、精神的、感情的な鎖につながれることになるのです。

両親は「子どもは大人の話に首を突っ込まないように」と言います。
教師は「指されたときだけ話すように」と言います。
友人は「安定した仕事を辞めないように」と言います。
社会は「住宅ローンを精算し、退職後に備えよう」と言います。

メディアが語りかけるのは、今のままで満足してはいけないというメッセージです。幸せになるにはもっとスリムにならなければならないし、完璧な肌と髪と歯を手に入れなければならないし、甘い香りをまとわなければならない、と。
メディアの発する警告は、かすかに聞こえる程度のものであっても、反復して聞かされることで、私たちの思考回路に組み込まれていきます。そして、私たちが成長の真っただ中にいる時期に繰り返し聞かされるのは、自分に何ができるかではなく、何ができないかなのです。

ゾウが「脱出はできない」と信じるように条件づけられたのとまったく同じように、私たちはいとも簡単に「できない」人間になってしまいます。否定的な条件づけの反復で、成功から遠ざけられてしまったのです。

水を小石に置き換えよう

現在のあなたの習慣や人生に対する態度を、バケツの中の水だと想像してみましょう。バケツの大部分を満たしたのは、両親、教師、仲間、メディアといった他人です。

今度は、本書で習得した新しいスキルや前向きな取り組み方の一つひとつを、小石だと想像してみましょう。あなたは小石をバケツの中に落としていきます。あふれ出た水は、現在の否定的な習慣であり態度です。最終的に、水のほとんどは小石に場所を譲って、バケツは前向きなスキルや態度、習慣でいっぱいになります。これらは生涯を通してあなたの役に立つものとなります。

本書は、読者に小石を提供するために書かれました。高いレベルで他人とかかわり、よりおもしろく、影響力のある魅力的な人物になり、他人を前向きな決断へと導いていくためには、これらの小石が必要です。毎日ひとつのスキルを取り上げて、それがあなたという人間の一部になるまでトレーニングを重ねましょう。本書の28のルールに沿ってトレーニングを繰り返せば、新しい習慣が身につき、それは生涯失われることはありません。

今こそ、ネガティブな習慣をポジティブな習慣に置き換えるときです。でも、どうやって? ゾウのトレーニングと同じ、反復学習です。ポジティブな行動を絶えず実践していきましょう。そうすれば、「できる」ことがあなたの習慣になるはずです。

謝辞

本書の執筆に、直接または間接的に協力してくれた人たちへ。本人たちの知らないところでかかわってくれた人々にも感謝を。以下にそのお名前の一部を紹介します。

レイ&ルース・ピーズ、デニス・ウェイトリー博士、トレバー・ドルビー、マルコム・エドワーズ、ロン&トビー・ヘイル、デブ・マーティンズ、ジム・カスカート、スティーブ・ライト、トリッシュ・ゴダード、ケリーアン・カナリー、バート・ニュートン、レオン・バイナー、ロン・タッチ、ジェリー&キャシー・ブラッドビア、キャシー・コントレオン、トレバー・ベルト、ケビン・フレイザー、アラン・ガーナー、ブライアン・トレイシー、ジェリー・ハットン、ジョン・ヘップワース、グレン・フレイザー、デイビッド・スミス、サリー&ジェフ・バーチ、ドリー・シモンズ、デシマ・マコーリー、イアン&ジョー・アボット、ノーマン&グレンダ・レオナード。

訳者あとがき

世界55の言語に翻訳された大ベストセラー『話を聞かない男、地図が読めない女』（主婦の友社）で、2000年代初めに日本でも大ブームを巻き起こしたアラン&バーバラ・ピーズ夫妻。同書は現在も世界中で読みつがれています。

その後もピーズ夫妻は、男女のすれ違いをより深く掘り下げた続編『嘘つき女と泣き虫男』（主婦の友社）や、脳科学の観点から人生を成功に導く法則を解き明かした『自動的に夢がかなっていく　ブレイン・プログラミング』（サンマーク出版）などのベストセラーを連発。その著書は全世界で累計3000万部を超え、読者の知的好奇心を大いに満たしてきました。

一方で、人間関係とコミュニケーションの第一人者として、各国の企業や政府を含む大勢の人々を対象に講演やセミナーを行っているピーズ夫妻の真骨頂は、やはり「実践」。どのようにすれば、あらゆる人に好かれ、あらゆる人を動かすことのできる「カリスマ的」なコミュニケーション能力を身につけることができるのか……？　本書には、そのための具体的なメソッドがぎゅっと詰まっているのです。

人間心理を知り尽くしたピーズ夫妻が、本書の冒頭で告げるのは「人とは本質的に〝自分のこと〟にしか興味がない」という、ドキリとするような〝真実〟。

しかし、そのことにガッカリする必要はありません。なぜならそれは、人間の自己防衛本能のもっとも基本的な形だから。そして、そのことさえ理解していれば、誰でも簡単に、他人と良好な関係を築くことができるのです。

本書の原題『Easy Peasey（イージー・ピージー）』は、英米の子どもたちがよく使う「とっても簡単」「楽勝！」といった意味のフレーズ「Easy Peasy」に、ピーズ夫妻の名字をかけたタイトルですが、本書の特徴を見事に表していると言えるでしょう。

本書では、会話における「言葉の選び方」から「表情の作り方」、そして「立ち居振る舞い」まで、コミュニケーションに必要とされるすべてのテクニックが、ひと目でわかる形で網羅されています。

相手をほめて気分よくさせるのも、気の利いた雑談で相手に一目置かれるのも、自分に批判的な相手をうまくかわすのも、すべて思いのまま。実際の会話を想定した「モデルケース」も豊富に紹介されているため、読んだ次の瞬間から、そのテクニックを自分でも実践することができます。
「プロローグ」で、ピーズ夫妻が自信たっぷりに請け合うように「どのページを開いても、即座に新しいスキルが身につく」こと間違いなし！　みなさんも、ぜひお好きなページから読みはじめてみてください。

藤田美菜子

［ 著者紹介 ］

アラン＆バーバラ・ピーズ

Allan & Barbara Pease

アラン・ピーズはボディ・ランゲージの世界的権威。妻バーバラとの共著『話を聞かない男、地図が読めない女』（主婦の友社）は、55の言語に翻訳される大ベストセラーに。ヒューマン・コミュニケーションをテーマに世界各地で講演を行っているアランは、妻バーバラとともに『自動的に夢がかなっていく ブレイン・プログラミング』（サンマーク出版）など18冊のベストセラーを生み出しており、その著書の累計は3000万部を超える。また、自身が出演するテレビシリーズは１億人を超える視聴者から愛されている。

バーバラ・ピーズは、ピーズ・トレーニング・インターナショナルのCEOとして、各種ビデオの制作やトレーニング講座の運営、世界各国の企業・政府向けセミナーの開催などを手がけている。夫アランとの共著『Why Men Don't Have a Clue and Women Always Need More Shoes（未邦訳）』は世界的ベストセラーに。夫妻は毎月、人間関係にまつわるコラムを共同で執筆しており、2000万人を超える愛読者を獲得している。

［ 著者ホームページ ］
www.peaseinternational.com

［ 著者メールアドレス ］
info@peaseinternational.com

［ 電話 ］
＋61 7 5445 5600

※ セミナーや会議にゲストスピーカーとして アラン・ピーズをお招きください。

◎主な書籍

『本音は顔に書いてある』(主婦の友社、2006年)

『話を聞かない男、地図が読めない女』(主婦の友社、2000年)

『Why Men Don't Have a Clue and Women Always Need More Shoes
(なぜ男は察しが悪く、女には何足もの靴が必要なのか)』(2004年)

『セックスしたがる男、愛を求める女』(主婦の友社、2010年)

『Questions Are the Answers(質問はそのまま答えになる)』(2008年)

『Why He's So Last Minute & She's Got It All Wrapped Up
(なぜ男は土壇場であわて、女がけりをつけてしまうのか)』(2007年)

『Why Men Can Only Do One Thing at a Time and Women Never Stop Talking
(なぜ男は一度に一つのことしかできず、女はしゃべりだすと止まらないのか)』(2003年)

『How Compatible Are You? – Your Relationship Quiz Book
(あなたの人づきあいはうまくいくか?——クイズで学ぶ人間関係)』(2005年)

『Write Language(効果的な文章を書くコツ)』(1988年)

『The Body Language of Love(愛のボディ・ランゲージ)』(2012年)

『自動的に夢がかなっていく ブレイン・プログラミング』(サンマーク出版、2017年)

◎DVDプログラム

『Body Language(ボディ・ランゲージ)』シリーズ

『How to Be a People Magnet – It's Easy Peasey
(人を惹きつけるには——ピーズ式ならとっても簡単)』

『The Best of Body Language(最高のボディ・ランゲージ)』

『How to Develop Powerful Communication Skills
(無敵のコミュニケーションスキルを身につける)』

◎オーディオプログラム

『The Definitive Book of Body Language(本音は顔に書いてある)』

『Why Men Don't Listen and Women Can't Read Maps
(話を聞かない男、地図が読めない女)』

『Why Men Don't Have a Clue and Women Always Need More Shoes
(なぜ男は察しが悪く、女には何足もの靴が必要なのか)』

『Questions Are the Answers(質問はそのまま答えになる)』

『The Answer(自動的に夢がかなっていく ブレイン・プログラミング)』

[訳者紹介]
藤田美菜子（ふじた　みなこ）
出版社で雑誌・書籍の編集に携わり、その後フリーランスの編集者・翻訳者に。訳書に『ツイン・ピークス ファイナル・ドキュメント』『ツイン・ピークス シークレット・ヒストリー』（いずれもKADOKAWA）、『炎と怒り――トランプ政権の内幕』（共訳、早川書房）、『より高き忠誠 A HIGHER LOYALTY』（共訳、光文社）などがある。

他人とうまくやっていく

2020年4月20日　初版印刷
2020年4月30日　初版発行

著　　者　アラン・ピーズ　バーバラ・ピーズ
訳　　者　藤田美菜子
発 行 人　植木宣隆
発 行 所　株式会社サンマーク出版
東京都新宿区高田馬場2-16-11
電話 03-5272-3166（代表）
印　　刷　中央精版印刷株式会社
製　　本　株式会社村上製本所

定価はカバー、帯に表示してあります。
落丁、乱丁本はお取り替えいたします。

ISBN978-4-7631-3793-7 C0030
ホームページ　https://www.sunmark.co.jp